ESPERTO BLOGGER

ESPERTO
BLOGGER

ESPERTO BLOGGER

 ESPERTO BLOGGER

CONTENUTI

# ESPERTO BLOGGER

Che cos'è un blogger?

Un blogger è una persona - o un gruppo di persone - che gestisce un sito o un social network su Internet allo scopo di intrattenere, informare o vendere.

È il blogger che mantiene il contatto diretto con il pubblico e comunica direttamente con i suoi visitatori.

Un blogger può dedicarsi alla pubblicazione di contenuti interessanti per il pubblico specifico del suo blog, oltre a promuovere prodotti o servizi.

Pertanto, un blogger è una persona che può (o non può) dedicarsi al marketing digitale o al content marketing.

Marketing di affiliazione e blog

Il marketing di affiliazione è un modo in cui i blogger usano il loro blog per generare entrate. La quantità di entrate generate da un blog con collegamenti di marketing di affiliazione può variare in modo significativo a seconda della quantità di traffico che il blog riceve, nonché della compensazione offerta dal marketing di affiliazione. Il marketing di affiliazione implica essenzialmente la creazione di un collegamento blog al sito Web di un'altra azienda. L'altra società compensa quindi il proprietario del blog in base a un contratto precedentemente concordato. Questa compensazione può essere concessa in diversi modi. Il proprietario del blog può essere compensato ogni volta che l'annuncio viene pubblicato, ogni volta che un visitatore del sito Web unico fa clic sull'annuncio o ogni volta che un visitatore del blog esegue un'azione desiderata, come effettuare un acquisto o registrarsi per il blog, sito web. Questo

articolo discuterà alcuni aspetti del marketing di affiliazione che i blogger devono comprendere, tra cui la selezione accurata delle opportunità, la massimizzazione del potenziale di guadagno per tali opportunità e la comprensione dei requisiti associati a tali opportunità di marketing di affiliazione.

Selezione di opportunità di marketing di affiliazione

Sono disponibili numerose opportunità di marketing di affiliazione. Molte diverse società e siti Web offrono opportunità di marketing di affiliazione. Nella maggior parte dei casi, il proprietario del blog deve semplicemente inviare l'indirizzo del sito Web del proprio blog insieme ad altre informazioni di base per l'approvazione. Nella maggior parte dei casi, è probabile che la società non rifiuti la richiesta a meno che il contenuto del sito Web non sia ritenuto discutibile o in conflitto con gli obiettivi dell'azienda. Tuttavia, sebbene ottenere l'approvazione per visualizzare i collegamenti degli affiliati sul tuo sito Web sia un processo abbastanza semplice, ciò non significa che i proprietari dei blog dovrebbero selezionare queste opportunità di marketing degli affiliati senza discrezione. È un'idea molto migliore selezionare attentamente le opportunità di marketing di affiliazione con le aziende che sono interessanti per il pubblico di destinazione del tuo blog.

Un blog ben focalizzato che sta raggiungendo un pubblico target specifico dovrebbe cercare di mostrare collegamenti di marketing che indirizzano il traffico del sito Web alle aziende che completano il blog senza agire come concorrenza diretta al blog. Questo aiuta a garantire che i visitatori del blog non solo siano interessati ai link marketing di affiliazione e quindi è più probabile che facciano clic sui link, ma aiuta anche a

garantire che i visitatori del blog non trovano fastidiosi link di marketing di affiliazione.

Massimizzare le opportunità di marketing di affiliazione

Una volta che i proprietari del blog hanno selezionato opportunità di marketing di affiliazione, è tempo di considerare come possono massimizzare i vantaggi generati da questi collegamenti. Ci sono un paio di fattori critici che i proprietari dei blog dovrebbero considerare attentamente per aiutare a massimizzare i profitti del marketing di affiliazione. Ciò include la valutazione regolare dell'efficacia dei link di affiliazione e la promozione del blog per massimizzare il traffico.

I proprietari di blog che incorporano il marketing di affiliazione nel loro blog dovrebbero valutare periodicamente l'efficacia dei collegamenti di affiliazione.

Questo può essere fatto confrontando la percentuale di visitatori del blog che fanno clic sui link di affiliazione con il traffico complessivo del blog. Un blog che ha molto traffico ma una percentuale relativamente piccola di visitatori che fanno clic sui link di affiliazione dovrebbe prendere in considerazione la possibilità di apportare modifiche per cercare di attirare più visitatori del blog a fare clic sui link. Queste modifiche possono comportare l'estetica, le dimensioni o il posizionamento degli annunci. Si consiglia di apportare solo una modifica alla volta perché rende più semplice per il proprietario del blog valutare quali modifiche sono più utili.

I proprietari di blog possono anche aiutare a massimizzare i profitti dalle loro opportunità di marketing di affiliazione facendo autopromozione per guidare un sito Web aggiuntivo al blog. Ciò sarà probabilmente utile perché un traffico del sito Web più elevato si traduce generalmente in maggiori profitti del marketing di affiliazione. Inoltre, il proprietario del blog può occasionalmente menzionare aziende con cui è affiliato per generare interesse negli annunci sul sito Web.

Comprendere i requisiti di marketing di affiliazione

Infine, i proprietari dei blog dovrebbero prestare particolare attenzione agli accordi di marketing di affiliazione che firmano. Ciò è importante perché alcune società potrebbero imporre restrizioni sull'uso di un collegamento al proprio sito Web. Ciò può includere restrizioni come evitare contenuti discutibili, esclusi collegamenti o pubblicità per concorrenti diretti, o restrizioni sull'aspetto dei collegamenti di affiliazione. La mancata osservanza di queste linee guida può comportare la perdita dei privilegi di affiliazione del blog e il rifiuto del proprietario del blog.

Blogging per divertimento

Sebbene i blog possano essere utilizzati per una varietà di altri scopi, come generare entrate, promuovere una causa e fornire informazioni, ci sono molti blogger che amano i blog semplicemente perché è divertente. Questi blogger adorano i blog per ragioni come tenersi in contatto con gli amici, esprimersi o tenere traccia di eventi importanti. Questo articolo spiegherà come utilizzare i blog per questi scopi.

Blogging per rimanere in contatto con gli amici

Rimanere in contatto con amici e familiari è solo uno dei tanti motivi per cui una persona potrebbe voler aprire un blog. Ciò è particolarmente utile per coloro che si allontanano dai loro amici e familiari.

14

Rimanere in contatto per telefono, visite regolari e persino e-mail non è sempre facile. Questo perché può essere difficile mantenere interazioni a distanza con diverse persone contemporaneamente.

Tuttavia, mantenendo un blog, una persona può semplificare notevolmente il processo di contatto con amici e parenti perché non devono ripetere le informazioni nelle singole telefonate o e-mail o trovare il tempo di visitare diverse persone.

Mantenendo un blog, l'individuo può scegliere di pubblicare una varietà di informazioni e foto. Attraverso queste informazioni e foto, il proprietario del blog può tenere gli altri informati sugli eventi attuali della sua vita.

Amici e familiari possono visualizzare il blog a proprio piacimento per aggiornarsi su eventi importanti nella vita del proprietario

del blog e, nella maggior parte dei casi, possono pubblicare commenti sul proprietario del blog. Possono anche leggere commenti di altri.

Questo è utile se coloro che visualizzano il blog si conoscono perché non solo possono rimanere in contatto con il proprietario del blog, ma hanno anche l'opportunità di comunicare con altri amici e familiari attraverso la sezione dei commenti sul blog.

Bloggare come una forma di espressione

Alcuni blogger iniziano a bloggare come una forma di espressione. Possono correggere poesie, canzoni, storie o persino usare il blog per sfogarsi su eventi personali o politici. Questi blogger potrebbero voler mantenere privato il proprio blog o renderlo disponibile al pubblico. Mantenere il blog privato è qualcosa come tenere un diario. Offre al blogger un modo multimediale per esprimersi senza il rischio che gli altri scoprano i suoi veri sentimenti, i suoi sogni più intimi o le sue frustrazioni.

Altri blogger scelgono di rendere pubblici questi blog. Questo può essere per diversi motivi. Condividere questi sentimenti con gli altri consente al blogger di raggiungere altri che potrebbero avere lo stesso interesse.

I blogger che usano il loro blog come forma di espressione personale potrebbero voler essere cauti e prendere in considerazione la decisione di rendere pubblico un blog. Questo è importante perché il proprietario del blog inizialmente non riesce a vedere alcun problema nel consentire agli altri di vedere i loro pensieri personali.

Tuttavia, con il passare del tempo potresti capire che il tuo blog potrebbe essere offensivo per gli altri o causare problemi se lo vedono amici o familiari.

Blogging per tenere traccia degli eventi

Un altro motivo comune per blog è tenere traccia di eventi importanti. Esempi di alcuni tipi di eventi che un blogger potrebbe voler documentare includono una gravidanza, matrimoni, vacanze, eventi sportivi o il completamento di eventi scolastici.

L'uso dei blog per tenere traccia di questi eventi offre al blogger l'opportunità di registrare eventi quotidiani in una posizione semplice in cui possono facilmente guardare indietro sul blog o condividere post con altri che potrebbero essere interessati agli eventi. In questi casi, il blog può fungere da forma di album che documenta gli eventi man mano che si verificano. Il proprietario del blog può pubblicare tutte le volte che vuole e può

18

scegliere di includere elementi come foto, musica, file audio e video sul blog. Il blog può anche essere progettato per ospitare gli eventi documentati.

Ad esempio, un giornale che rappresenta una vacanza può avere sfondi, caratteri e colori che rappresentano il luogo di vacanza, mentre un blog sulla gravidanza può contenere elementi che rappresentano la gravidanza, i bambini e i genitori.

Blogging a scopo di lucro

Il blog sta diventando un modo sempre più popolare per gli imprenditori di guadagnarsi da vivere online mentre fanno qualcosa di cui godono davvero. In molti casi, i blogger possono realizzare profitti con il minimo sforzo. All'inizio potrebbe essere necessario un bel po'di lavoro per progettare un metodo per guadagnare entrate e promuovere il sito Web, ma una volta stabilito ciò, è sufficiente mantenere il blog con periodici per mantenere le entrate.

Due dei metodi più popolari per trarre profitto dal blog includono i metodi pubblicitari. Ciò include la pubblicità con AdSense e la protezione di inserzionisti indipendenti. Questo articolo discuterà di questi due metodi di pubblicità sui blog.

 ESPERTO BLOGGER

Utilizzo di AdSense per generare entrate

L'uso di AdSense è uno dei modi più popolari per i blogger per generare entrate dal proprio blog. Questo metodo è molto popolare perché è anche molto semplice. AdSense è un programma offerto da Google in cui i blogger accettano di avere annunci pubblicitari sul tuo sito Web e vengono compensati quando gli utenti fanno clic su questi annunci. I blogger devono semplicemente creare un blog e inviare l'indirizzo del sito Web del blog e altre informazioni da applicare per partecipare ad AdSense. Una volta approvato un blog, il proprietario riceve il codice che può semplicemente copiare e incollare per visualizzare annunci sul proprio blog. Google pubblica quindi annunci appropriati ogni volta che si accede al blog. Quando possibile, i post del blog sono strettamente correlati ai contenuti del blog perché Google esegue una scansione preliminare del sito Web per determinare quali annunci sono pertinenti al

contenuto. I proprietari di blog hanno una certa capacità di imporre restrizioni sui tipi di annunci che possono apparire sul blog. Ad esempio, il proprietario del blog può specificare che gli annunci per adulti non vengano visualizzati sul blog e verranno filtrati da Google.

In che modo le entrate pubblicitarie su un blog generano entrate

Molti blogger utilizzano annunci sui propri blog per generare profitti. Questo metodo di pubblicità è più difficile rispetto all'utilizzo di AdSense, ma può essere significativamente più vantaggioso dal punto di vista finanziario per il blogger. Questo metodo di pubblicità è simile al tipo di pubblicità mirata che si vede spesso nelle riviste. Ad esempio, le riviste per genitori presentano spesso annunci che piaceranno ai genitori, come annunci per giocattoli, abbigliamento per bambini o cibi popolari con i bambini. Allo stesso modo, una rivista in esecuzione può presentare annunci per scarpe, abbigliamento sportivo, attrezzatura da corsa o da allenamento. In questi casi, gli inserzionisti pagano per lo spazio pubblicitario nella rivista nella speranza che il pubblico della rivista sia attratto dall'acquisto di prodotti o servizi dopo aver visto questi annunci.

I proprietari di blog possono utilizzare questo tipo di pubblicità, ma può essere difficile trovare inserzionisti disponibili. Tuttavia, ci sono alcuni fattori che possono aumentare la probabilità che un inserzionista visualizzi un annuncio su un blog. Uno dei fattori più importanti per gli inserzionisti è la quantità di traffico che il blog riceve. Ciò è importante perché gli inserzionisti che pagano per lo spazio pubblicitario hanno maggiori probabilità di investire in un blog ad alto traffico rispetto a un blog a basso traffico.

Un altro fattore importante per gli inserzionisti è l'approccio al blog. Gli inserzionisti hanno maggiori probabilità di acquistare spazi pubblicitari da un blog con un interesse specifico per il pubblico di destinazione dell'inserzionista. Come gli esempi sopra elencati per le riviste parent e broker, gli inserzionisti vogliono fare pubblicità su un blog che sta già raggiungendo lo stesso target di riferimento.

I blogger che utilizzano la pubblicità sul tuo sito Web possono essere compensati in diversi modi. Alcuni inserzionisti potrebbero pagare una tariffa forfettaria per la visualizzazione dell'annuncio sul sito Web per un determinato periodo di tempo o per un determinato numero di visualizzazioni di pagina. Ciò significa che l'inserzionista può acquistare spazio per un determinato numero di giorni, settimane o mesi o può acquistare spazio per un determinato numero di volte in cui l'annuncio viene offerto ai visitatori del sito Web.

In alternativa, l'inserzionista può scegliere di compensare il blogger in base al numero di volte in cui si verificano azioni specifiche. Ciò può includere gli utenti che fanno clic sull'annuncio o effettuano un acquisto dopo aver fatto clic sull'annuncio. Il tipo di indennizzo offerto dovrà essere preventivamente concordato tra il blogger e l'inserzionista per determinare un metodo di pagamento equo.

Blog su un social network

I blog stanno diventando sempre più
popolari e anche i social media stanno
diventando sempre più popolari. I social
media includono siti Web popolari come
MySpace.com in cui gli utenti possono creare
siti Web personali e interagire con altri utenti.
Questi siti Web possono includere una vasta
gamma di componenti tra cui testo,
immagini, audio, video e blog. Qui gli utenti
del sistema possono esprimere le proprie
opinioni, fornire aggiornamenti sulla propria
vita, offrire informazioni sugli eventi attuali o
raggiungere una serie di altri obiettivi.
Tuttavia, i blogger che utilizzano un social
network per mantenere il proprio blog
dovrebbero considerare alcuni fattori diversi.
Questo articolo discuterà alcuni di questi
fattori, incluso se i blog sono disponibili al
pubblico o mantenuti privati, considerando il

pubblico del blog e affrontando il bullismo attraverso il blog.

Crea blog privati o pubblici

La maggior parte dei social network consente agli utenti di rendere il loro sito Web privato o pubblico. I siti Web privati sono disponibili solo per l'utente e altri utenti che approvano specificamente la visualizzazione del proprio sito Web, mentre i siti Web pubblici sono disponibili per tutti gli utenti del sistema. Queste stesse funzionalità si applicano anche ai blog gestiti su un social network. Per questo motivo, i blogger devono determinare se vogliono che i loro post sul blog siano disponibili per l'intero social network o solo per una parte di questa rete.

Questa decisione si baserà in gran parte su una questione di preferenza personale. I social media possono essere piuttosto estesi e alcuni blogger potrebbero temere che il loro

blog sia disponibile per un pubblico così vasto, mentre altri potrebbero non avere apprensioni sulla dimensione del pubblico potenziale. I blogger dovrebbero considerare attentamente questa opzione prima di guardare un blog, ma hanno sempre la possibilità di cambiare questa impostazione dopo che il blog è stato stabilito se cambiano idea sulla scelta che avevano originariamente fatto.

Considerando il pubblico del blog

I blogger che usano un social network per mantenere un blog dovrebbero anche considerare attentamente il potenziale pubblico del blog. La maggior parte dei social media include un'ampia sezione del pubblico. Pertanto, i blogger dovrebbero tenere conto di questo pubblico quando pubblicano un blog e considerare come i membri del pubblico interpreteranno i post del blog. Anche se non sarà mai possibile evitare di offendere tutti i potenziali membri

 ESPERTO BLOGGER

del pubblico, alcuni blogger potrebbero almeno considerare di provare a assicurarsi che i post sul blog che pubblicano siano appropriati per tutti i membri del social network. Se ciò non è possibile, il blogger potrebbe prendere in considerazione la possibilità di rendere il blog privato.

Gestire il bullismo attraverso il blog

Un altro aspetto che i blogger che utilizzano un social network per pubblicare il proprio blog dovrebbe tenere presente che include il potenziale di molestie di altri membri attraverso il blog. Questo può essere sotto forma di commenti offensivi pubblicati in risposta ai post del blog. A seconda del grado di molestia, il blogger può scegliere di ignorare questi commenti o intraprendere azioni più energiche. I blogger dovrebbero rivedere le politiche dei social network e chiedere il tuo aiuto per affrontare il bullismo da altri utenti. Nella maggior parte dei casi, gestire il problema può essere semplice come impedire all'utente di commentare il blog, ma in alcuni casi potrebbe essere necessario contattare gli amministratori dei social media per cercare di eliminare l'utente del sistema. In questa situazione, gli amministratori esamineranno la situazione e decideranno se l'utente ha violato o meno i termini di servizio.

Software per blog

Con i blog che stanno diventando sempre più popolari, c'è anche una crescente necessità di software per semplificare il processo di blog. Tuttavia, ci sono molti diversi pacchetti software disponibili che possono rendere la selezione di un pacchetto schiacciante. Tuttavia, la selezione di un pacchetto software non deve essere difficile. I blogger possono trovare siti Web che forniscono grafici comparativi per diversi pacchetti software semplicemente per il processo decisionale. Questa grafica può far risparmiare molto tempo e fatica al blogger perché raccolgono molte informazioni in una posizione comoda. Il blogger potrebbe aver bisogno di ulteriori informazioni prima di utilizzare queste tabelle comparative per prendere una decisione. L'articolo fornirà informazioni su alcune di queste informazioni aggiuntive che potrebbero

31

essere utili, ad esempio come comprendere i grafici di confronto, i metodi per confrontare i pacchetti software e suggerimenti per la selezione di un pacchetto software di blog.

Criteri del software di blog

Coloro che sono interessati ad avviare o mantenere un blog devono comprendere appieno i criteri del software di blog prima di provare a confrontare i pacchetti di software. Alcuni dei criteri che è importante comprendere includono i requisiti minimi del server, l'archiviazione dei dati e l'editor di pubblicazione. Comprendere questi criteri è fondamentale per il processo di confronto e selezione dei pacchetti software di blog.

I requisiti minimi del server si riferiscono ai requisiti minimi per il server su cui verrà installato il software. Nella maggior parte dei casi, la potenza e la velocità del server non sono rilevanti, ma dipendono dalla potenza e dalla velocità del software necessario per il

corretto funzionamento del software del blog. Potrebbero esserci costi aggiuntivi associati a questo software, nonché requisiti di licenza aggiuntivi.

La memorizzazione dei dati è anche una parte importante della valutazione dei pacchetti software di blog. Ciò può includere opzioni come un file flat, un file di dati o un database. Un file semplice si riferisce alle opzioni di archiviazione in cui viene estratta la pagina intera ogni volta che un browser richiede il blog. Un file di dati si riferisce a situazioni in cui i dati del blog vengono inseriti in un modello quando un browser richiede il blog. Un database fa riferimento alle opzioni di archiviazione in cui le informazioni necessarie vengono estratte da un file flat e inserite in un modello quando il browser richiede il blog.

Il post editor è un altro criterio che un blogger potrebbe voler ricercare attentamente prima di selezionare il software di blogging.

 ESPERTO BLOGGER

L'editor dei post si riferisce al tipo di editor che verrà utilizzato per completare i post elencati sul blog. Questi metodi di immissione dei dati possono includere opzioni come HTML o JAVA.

Confronto di pacchetti software per blog

I blogger che cercano un pacchetto software di blogging devono confrontare attentamente i diversi pacchetti software disponibili. Questo è importante perché ovviamente alcuni pacchetti software sono superiori ad altri. È anche importante perché alcuni pacchetti software potrebbero essere più adatti alle esigenze di un determinato blog rispetto ad altri pacchetti. Quando si confrontano i pacchetti software di blogging, è importante che il blogger consideri attentamente le esigenze. Questo è importante perché aiuterà i blogger a capire quali criteri sono più rilevanti per il loro blog particolare.

Selezione di pacchetti software di blog

Dopo aver valutato attentamente i pacchetti software di blog, è tempo che il blogger prenda una decisione e selezioni uno dei pacchetti disponibili. Idealmente, il blogger avrà già confrontato dati importanti come spazio di archiviazione, requisiti del server e editor di post. Tuttavia, il blogger deve anche considerare altri fattori come il costo e la versatilità. Molti pacchetti software di blog sono disponibili gratuitamente, mentre alcuni sono disponibili per l'acquisto. Il blogger dovrà decidere se vale la pena acquistare un pacchetto software o se i pacchetti software gratuiti soddisfano le sue esigenze di blog.

Dopo aver considerato i criteri e i costi del software, il blogger dovrebbe prendere in considerazione la visualizzazione di blog di esempio creati con un determinato pacchetto software. Questa è una buona idea perché questi esempi possono fornire una buona indicazione delle capacità del software. Questo perché, in generale, maggiore è la qualità dei campioni, maggiori sono le capacità del software.

Blogging per promuovere una causa

Mentre molti blogger gestiscono un blog per motivi personali o sociali o per generare reddito, ci sono altri blogger che usano i loro blog per promuovere una causa. Questi blog possono essere indirizzati a una causa politica o sociale specifica, a seconda degli interessi del blogger, nonché dell'opinione del blogger che il blog possa produrre i cambiamenti politici o sociali che sta cercando. I blog che si impegnano a promuovere una causa particolare possono affrontare più avversità rispetto ai blog con un tema più leggero, ma possono anche essere molto efficaci. Tuttavia, i proprietari di blog che scelgono di mantenere questo tipo di blog dovrebbero conoscere le conseguenze di questo tipo di blog. Ad esempio, i proprietari di blog possono ricevere

commenti negativi dai lettori di blog che non sono d'accordo con la causa. Questo articolo offrirà alcuni suggerimenti per scegliere una causa per un blog e promuovere il tuo blog per i visitatori interessati.

Scegliere una causa per un blog

Scegliere una causa per un blog può variare in difficoltà, da estremamente facile a incredibilmente difficile. La difficoltà nel prendere questa decisione dipenderà in gran parte dalle convinzioni personali del proprietario del blog. Un proprietario di blog che è già impegnato in una determinata causa è probabile che trovi questa decisione abbastanza semplice, mentre i proprietari di blog che non hanno forti convinzioni sociali o politiche o che hanno un'ampia varietà di cause che desiderano promuovere possono trovare prendere questa decisione abbastanza difficile. Tuttavia, ci sono alcuni fattori che il proprietario del blog dovrebbe considerare attentamente prima di

selezionare una causa da promuovere su un blog.

Prima di tutto, il proprietario di un blog dovrebbe selezionare un argomento per il quale abbia già abbastanza conoscenze o per il quale sia disposto a fare molte ricerche. Questo è importante perché il proprietario del blog deve pubblicare post di blog su base regolare. Questi post sul blog devono essere accurati e informativi per il lettore. Pertanto, il proprietario del blog deve essere esperto dell'argomento o almeno interessato a saperne di più.

I proprietari di blog dovrebbero anche considerare attentamente il potenziale che può influenzare i visitatori del blog in merito all'argomento del blog. Sebbene non sarà possibile convincere tutti i visitatori del blog a credere nella causa promossa, il proprietario del blog deve selezionare un argomento con cui è sicuro che i visitatori del

blog saranno influenzati per concordare con i punti di vista presentati.

Promozione del blog ai visitatori interessati

Una volta che il proprietario del blog decide su un argomento del blog, è tempo di scoprire come promuovere il blog per il pubblico di destinazione. Ciò può essere realizzato in diversi modi. Per brevità, questo articolo discuterà la promozione del blog attraverso l'ottimizzazione dei motori di ricerca e la promozione del blog attraverso la partecipazione a forum pertinenti.

L'ottimizzazione dei motori di ricerca è un modo molto efficace per promuovere un blog. Questa pratica prevede sforzi per aumentare il ranking dei motori di ricerca per garantire che gli utenti interessati di Internet siano indirizzati al blog. Questo può essere fatto in diversi modi, incluso l'uso attento di parole chiave appropriate, l'uso appropriato di tag come tag titolo e tag immagine e la generazione di backlink al blog. Tutti questi sforzi possono aiutare a migliorare le classifiche dei motori di ricerca che dovrebbero anche migliorare il traffico dei blog.

I proprietari di blog possono anche promuovere il proprio blog partecipando a forum e bacheche pertinenti. Il proprietario del blog può semplicemente partecipare a questi forum e offrire informazioni pertinenti includendo un link al blog nella sua firma. È probabile che altri utenti del forum facciano clic sul collegamento se il proprietario del blog è rispettato all'interno del forum. Il proprietario del blog può anche incorporare un collegamento al proprio blog nel corpo del messaggio nei post del forum, se appropriato e accettabile secondo le linee guida della bacheca.

Blog con Wordpress

Wordpress è una delle tante opzioni disponibili per i blogger alla ricerca di software online gratuito, che rende incredibilmente facile pubblicare il tuo blog. Questo software è facile da usare, offre una varietà di modelli e offre un eccellente supporto per i blogger. Ci sono molte opzioni disponibili per i blogger e altri programmi di blogging possono essere meglio conosciuti e offrono funzionalità leggermente diverse, ma molti blogger sono abbastanza soddisfatti di Wordpress.

Questo articolo offrirà informazioni utili per i blogger che considerano i blog con Wordpress, come motivi per scegliere Wordpress, suggerimenti per l'avvio di un blog e informazioni sul supporto offerto da Wordpress. Sulla base di queste informazioni, così come i propri blogger di ricerca possono decidere se Wordpress è adatto a loro o se devono cercare una rete di blog diversa.

Motivi per scegliere Wordpress

Ci sono molti buoni motivi per scegliere Wordpress per iniziare un blog. Alcuni di questi motivi includono un'ampia varietà di modelli, la possibilità di classificare e taggare facilmente i post, funzionalità come il controllo ortografico, anteprime e salvataggio automatico, la possibilità di pubblicare file di testo, audio e video, una varietà di opzioni per la privacy e la capacità di tracciare i dati statistici relativi al blog, oltre ad altre fantastiche funzionalità. Alcune di queste funzionalità potrebbero essere più importanti per alcuni blogger rispetto ad altri, quindi decidere se Wordpress è giusto per te sarà in gran parte una questione di preferenze personali. Ad esempio, i blogger con poca o nessuna esperienza di programmazione

possono godere dei numerosi modelli disponibili su Wordpress mentre i blogger che si preoccupano di problemi di privacy potrebbero essere più interessati alle opzioni di privacy disponibili tramite Wordpress. La ricerca attenta di queste funzionalità aiuterà i blogger a stabilire se devono avviare un blog con Wordpress.

Avvio di un blog con Wordpress

I blogger che scelgono di aprire un blog con Wordpress non rimarranno certamente delusi dalla quantità di tempo necessaria per avviare un blog. Un blogger può letteralmente iniziare con Wordpress in pochi minuti. Questo è estremamente importante per i blogger che non vedono l'ora di iniziare e non vogliono affrontare un lungo processo per avviare un blog. Gli unici requisiti per avviare un blog sono un indirizzo email valido e un nome utente. Il blogger inserisce queste informazioni nella pagina di registrazione e riceve una password quasi

istantaneamente. Quindi, il blogger deve semplicemente controllare la sua e-mail, seguire il link di attivazione fornito e utilizzare la password fornita e il processo è completo. Il blogger può iniziare subito a bloggare.

Supporto offerto da Wordpress

Per molti blogger principianti, il tipo di supporto offerto è molto importante. Questo perché i blogger principianti potrebbero avere alcune domande sul processo di avvio di un blog di base e, una volta creato un blog di base, potrebbero avere ulteriori domande sull'uso delle funzionalità avanzate e sulla personalizzazione del blog. Wordpress offre moltissimo supporto ai blogger di tutti i livelli. Il supporto offerto da Wordpress include la possibilità di contattare il personale di supporto, nonché la possibilità di ricevere supporto da altri membri attraverso forum online. Sebbene il personale di supporto sia incredibilmente reattivo, alcuni blogger godono della capacità di comunicare con altri blogger sui forum. Questo perché i forum sono attivi 24 ore al giorno e i blogger possono trovare il supporto dei loro colleghi in qualsiasi momento.

Carriere nel blog

Molti scrittori freelance stanno iniziando a scoprire che il blog è una delle più recenti opportunità di carriera a loro disposizione. Il blog è essenzialmente una serie di post su un argomento particolare che sono elencati in ordine cronologico inverso. Questi blog possono essere su una varietà di argomenti diversi e possono essere personali, politici, informativi, umoristici o qualsiasi altra categoria desiderata dal blogger. Tuttavia, la chiave per un blog di successo è un blog che affronta un argomento che piace a un vasto pubblico. Inoltre, il blog dovrebbe essere aggiornato regolarmente e dovrebbe fornire contenuti utili ai lettori del blog. Questo articolo fornirà informazioni su come trovare opportunità di carriera nel blog, discuterà i vantaggi di questo tipo di carriera e fornirà informazioni su come gli scrittori possono gestire con successo un blog.

 ESPERTO BLOGGER

Trovare opportunità di carriera sui blog

Sebbene le opportunità di carriera nel blog stiano diventando sempre più popolari, molti scrittori non sono consapevoli di come trovare queste meravigliose opportunità. Queste opportunità di carriera possono essere offerte come posizioni di ghostwriting o posizioni che offrono un profilo per lo scrittore, e trovare queste opportunità di blog è spesso molto simile a trovare altre opportunità di carriera per gli scrittori. Le aziende in cerca di un blogger possono pubblicare l'elenco dei lavori nello stesso modo in cui pubblicheranno altre posizioni lavorative presso l'azienda, come posizioni contabili o amministrative. Pertanto, gli autori interessati a una posizione come blogger dovrebbero utilizzare Trust di ricerca di lavoro per trovare altre opportunità di carriera negli stessi siti Web.

I blogger possono anche visitare siti Web e bacheche di corse che si concentrano esclusivamente sulla carriera di blog. Il sito Web ProBlogger.net è solo un esempio di un sito Web dedicato esclusivamente a mettere i blogger in contatto con coloro che sono interessati ad assumere uno scrittore per un blog in particolare. I blogger interessati dovrebbero anche prendere in considerazione l'adesione a forum per coloro che fanno blog per vivere. Questo può essere utile perché qui i blogger probabilmente condivideranno informazioni sulle aziende per cui lavorano, nonché qualsiasi informazione che hanno sulle aziende che stanno attualmente cercando di assumere blogger.

I vantaggi di una carriera nel blog

Ci sono molti vantaggi nel perseguire una carriera nel blog. Forse uno dei vantaggi più interessanti per una carriera nel blog è che il lavoro può generalmente essere svolto come posizione di telelavoro. Questo perché fintanto che il blogger ha accesso al software necessario per scrivere e caricare un blog, il blogger non ha bisogno di fare il lavoro da una posizione specifica. Ciò significa che il blogger può risiedere quasi ovunque nel mondo e probabilmente può fare il lavoro necessario da casa sua. Tuttavia, non tutte le posizioni di blog sono posizioni di telelavoro. Alcune aziende potrebbero richiedere ai blogger di fare il lavoro sul sito come una questione di preferenze personali.

Un altro vantaggio di una carriera di blog è la capacità di svolgere il lavoro a un ritmo conveniente per il blogger. Al blogger potrebbe essere richiesto di caricare un nuovo post sul blog secondo una pianificazione regolare, ma la scrittura effettiva dei post può essere eseguita quando è conveniente per il blogger. Molti pacchetti software di blogging consentono al blogger di impostare un orario specifico per il caricamento di un post specifico. Ciò consente al blogger di scrivere più post

contemporaneamente e di farli pubblicare secondo un programma prestabilito.

Trovare tempo per il blog

Uno dei problemi che molti blogger devono affrontare è trovare il tempo di blog. Ciò è particolarmente difficile se il blogger gestisce più blog o se il blogger mantiene un blog di eventi in corso in cui i post dovrebbero essere tempestivi per essere pertinenti e interessanti per i lettori. Scrivere post di blog in batch e programmarli per pubblicare in base alle esigenze è un modo per gestire la gestione di più blog. Tuttavia, gli autori di blog relativi agli eventi attuali dovrebbero essere particolarmente attenti a pianificare il proprio tempo con saggezza per assicurarsi di pubblicare post di blog attuali. Un modo per farlo è quello di mettere da parte il tempo ogni giorno per leggere gli eventi attuali per

l'ispirazione e quindi programmare il tempo per scrivere. Ad esempio, un blogger con un blog di eventi in corso potrebbe scegliere di rivedere le notizie del giorno prima della prima cosa del mattino per assicurarsi di rivedere tutte le notizie rilevanti del giorno prima di scrivere il post sul blog.

Gestire i commenti sul tuo blog

La maggior parte dei blog consente ai visitatori di pubblicare commenti su qualsiasi post del blog. Questi commenti possono appartenere al post del blog o possono essere completamente indipendenti. I commenti possono anche essere positivi o negativi in natura. Indipendentemente dal tipo di commento lasciato da un visitatore, il blogger può scegliere di gestire questi commenti in diversi modi. Il blogger può rispondere a questi commenti, impedire ai singoli visitatori di lasciare commenti in futuro o utilizzare le funzioni amministrative per eliminare i commenti o configurare il blog per richiedere l'approvazione dei commenti prima che vengano pubblicati sul blog. Questo articolo discuterà ciascuna di queste

opzioni per affrontare i commenti del blog in modo più dettagliato.

Rispondi ai commenti sul tuo blog

I blogger che ricevono commenti sul proprio blog potrebbero voler rispondere a questi commenti. La maggior parte dei programmi di blog consente al blogger di pubblicare commenti sul proprio blog, consentendo loro di rispondere direttamente. Con questa funzione, un blogger può affrontare diverse situazioni, tra cui commenti negativi, commenti positivi e domande. I blogger che ricevono commenti negativi sul proprio blog possono scegliere di rispondere a questi commenti direttamente con una confutazione ai commenti negativi. Ciò consente al blogger di riconoscere le critiche e difendere il suo post originale. I blogger che ricevono feedback positivi possono anche rispondere a questi commenti per ringraziare i visitatori per i complimenti. Altri blogger possono ricevere commenti che fanno una domanda sul post del blog o sul blogger stesso. I blogger possono scegliere di rispondere a queste domande per sviluppare una migliore relazione con i visitatori del blog.

Blocco dei commenti dei singoli visitatori

Un'altra opzione per gestire i commenti del blog di natura negativa è bloccare i commenti dei singoli visitatori del blog. Nella maggior parte dei casi, i blogger avranno la possibilità di blog per un determinato utente in modo che non lascino commenti sul blog. Il blogger potrebbe voler utilizzare questa opzione in situazioni in cui i commenti dei visitatori del blog sono estremamente avari. Il blogger potrebbe anche voler vietare ai singoli visitatori del blog di commentare se hanno precedentemente tentato di spiegare il loro punto al visitatore, ma il visitatore continua a pubblicare commenti negativi. Un blogger potrebbe anche voler vietare a un singolo visitatore di commentare se ritiene che i commenti vengano lasciati come spam.

 ESPERTO BLOGGER

Usa le funzionalità amministrative

Un'altra opzione per gestire i commenti su un blog include l'uso di funzioni amministrative per eliminare i commenti o modificare le impostazioni per non consentire la visualizzazione dei commenti fino a quando il blogger non li approva. I proprietari di blog hanno spesso la possibilità di eliminare un commento lasciato da un visitatore del blog. L'eliminazione di questi commenti è in genere un processo abbastanza semplice. Tuttavia, non è un metodo completamente efficace perché altri visitatori del blog possono avere l'opportunità di leggere questi commenti prima che vengano rimossi. Pertanto, l'eliminazione del commento potrebbe impedire ad alcuni visitatori di leggerlo, ma non garantirà che nessun visitatore del blog lo vedrà. Tuttavia, c'è un modo per i blogger di assicurarsi che i visitatori non leggano commenti negativi. La maggior parte dei tipi di software di blog ha opzioni che richiedono al blogger di approvare tutti i commenti prima che siano disponibili al pubblico. Ciò dà al blogger la possibilità di eliminare un commento prima che venga letto da qualsiasi visitatore del blog. Il blogger può semplicemente eliminare qualsiasi commento che non desidera che gli altri leggano prima che i commenti vengano pubblicati.

Elementi di design di un blog

Un blog può essere essenzialmente un diario online visualizzato in ordine cronologico inverso, ma è anche un sito Web che richiede la stessa attenzione ai dettagli di qualsiasi altro sito Web. Richiede anche gli stessi elementi di design di un normale sito Web che non funziona come un blog. I blogger devono prendere decisioni in merito agli elementi di design del blog come colori e layout, caratteri e posizionamento degli annunci. Sebbene molti programmi software di blogging offrano una varietà di modelli che rendono abbastanza semplice la progettazione di un blog, i blog possono anche essere altamente personalizzati da blogger che possiedono alcune capacità di programmazione. Questo articolo discuterà

alcune delle considerazioni di base sulla progettazione che i blogger incontrano.

Colori e disegni di un blog

I colori e il layout di un blog sono una delle considerazioni di design più ovvie che i blogger dovrebbero tenere a mente quando iniziano o ridisegnano il loro blog. I blogger possono utilizzare uno sfondo a tinta unita, blocchi di colore diverso sullo sfondo o immagini o trame sullo sfondo. Questi elementi di sfondo possono essere di qualsiasi colore immaginabile. Tuttavia, i blogger che stanno prendendo in considerazione i colori da utilizzare sul proprio blog dovrebbero considerare l'utilizzo di colori esteticamente accattivanti per la maggior parte dei visitatori del blog. Questo è importante perché l'uso di colori audaci che sono difficili da vedere può ridurre il traffico del blog.

Il design del blog dovrebbe anche essere attentamente considerato dal blogger. Il blog dovrebbe essere organizzato in un modo che sia attraente per i visitatori del blog, adatto al tema del blog e presentato in modo logico che sia facile da seguire per i visitatori. Ancora una volta, questo è importante perché se un design che soddisfa questi criteri non viene utilizzato, i visitatori del blog possono scegliere di non visitare perché il design è confuso o poco attraente.

Caratteri utilizzati in un blog

I blogger hanno una serie di opzioni disponibili quando si selezionano i caratteri da utilizzare sul proprio blog. Queste opzioni includono il carattere scelto, la dimensione del testo e il colore del testo. I blogger dovrebbero prendere in considerazione la scelta di un carattere che funzioni bene con il layout generale del layout del blog e che si adatta al tema del blog, ma è anche un carattere comune. Questo è importante

perché i visitatori del blog potrebbero avere problemi a visualizzare il carattere se il blogger seleziona un carattere unico che non è comune. Anche le dimensioni del testo e i colori del testo devono essere attentamente considerati.

Questi elementi sono importanti soprattutto per la leggibilità. Le dimensioni del testo devono essere impostate in modo che i membri del pubblico di destinazione possano leggere facilmente il testo. Ad esempio, un blogger con persone anziane come pubblico di destinazione può scegliere di utilizzare una dimensione del testo leggermente più grande del solito.

I colori usati per il testo dovrebbero anche essere selezionati per migliorare la leggibilità. Un modo per farlo è selezionare colori che siano attraenti per gli occhi ma anche in contrasto con il colore di sfondo.

 ESPERTO BLOGGER

Inclusione di annunci in un blog

I blogger dovrebbero anche considerare di includere annunci pubblicitari durante la progettazione dei loro blog. Ciò include determinare se è incluso o meno il blog. Una volta presa questa decisione, i blogger che scelgono di includere annunci pubblicitari dovrebbero considerare attentamente come e dove vogliono mostrare tali annunci.

Gli annunci possono essere visualizzati in più posizioni nel blog e possono essere progettati per essere discreti o ovvi, a seconda delle preferenze del blogger. Gli annunci possono anche avere una varietà di dimensioni e forme e sono altamente personalizzabili in diversi modi.

Trova blog da leggere

Al momento sono disponibili numerosi blog. Gli utenti di Internet hanno la fortuna di avere una vasta gamma di blog tra cui scegliere quando cercano un blog da leggere regolarmente. Spesso ci sono anche molti blog disponibili che trattano un argomento particolare. I blog possono essere su qualsiasi argomento immaginabile. Alcuni blog sono creati per intrattenere, mentre altri sono creati per informare. Alcuni blog sono creati per generare profitto, mentre altri sono creati per aiutare gli altri. Con così tanti blog attualmente disponibili online, può essere difficile determinare quali blog vale la pena leggere e quali no. Può anche rendere difficile limitare il numero di blog letti dall'utente di Internet. Questo articolo fornirà informazioni su come trovare e selezionare blog da leggere, incluso l'uso dei motori di ricerca per trovare blog, trovare blog partecipando a

bacheche di messaggi e cercare consigli per blog da amici o familiari.

Utilizzo dei motori di ricerca per trovare blog

I motori di ricerca sono una delle risorse più affidabili su cui gli utenti di Internet fanno spesso affidamento per trovare siti Web utili. Tuttavia, è importante notare che i motori di ricerca possono anche essere estremamente utili per gli utenti di Internet che sono interessati a trovare blog da leggere. Un utente di Internet che è alla ricerca di un blog su un determinato argomento può iniziare il processo di ricerca di questi blog inserendo parole chiave o frasi pertinenti in un motore di ricerca popolare e rivedendo attentamente i risultati forniti per questa ricerca. Tuttavia, questo tipo di ricerca non fornirà necessariamente agli utenti di Internet blog. In effetti, i risultati di ricerca potrebbero non includere un blog in nessuna delle prime pagine nei risultati di ricerca, nonostante le

pagine di ritorno e le pagine di collegamenti a siti Web utili.

Un modo semplice per l'utente di Internet di utilizzare i motori di ricerca per trovare blog relativi a un particolare argomento è quello di includere la parola blog con le parole chiave o le frasi inserite nel motore di ricerca. Ciò contribuirà a filtrare i risultati della ricerca e può spingere i blog in primo piano rispetto ai risultati della ricerca. Tuttavia, è meglio per gli utenti di Internet cercare raccolte di blog e quindi cercare all'interno di tali raccolte quelle di interesse.

Trovare blog sui forum

Molti utenti di Internet si affidano a bacheche per trovare blog interessanti e informativi. Questo perché molti partecipanti alla bacheca di blog spesso trovano il modo di rendere gli altri consapevoli di questo blog. Ciò può avvenire attraverso il processo di incorporamento di un collegamento al blog nella firma dell'utente della bacheca o, se del caso, fornendo il collegamento al blog direttamente nel corpo del messaggio di un post della bacheca. Sebbene molti blogger possano cogliere l'opportunità di promuovere il proprio blog attraverso bacheche, chi è interessato a trovare nuovi blog probabilmente non avrà il tempo di controllare tutti questi blog. Pertanto, è consigliabile che questi utenti di Internet discriminino un po'i blog che scelgono di visitare. Un modo per farlo è visitare solo i normali blog di poster di forum che offrono informazioni utili per le conversazioni sulla bacheca. L'utente di Internet può anche evitare i blog che sembrano essere pubblicati come spam. Questo è importante perché è probabile che questi blog non siano solo di bassa qualità, ma visitare questi blog incoraggia anche il proprietario del blog a continuare a inviare messaggi di spam con il loro link.

 ESPERTO BLOGGER

In cerca di consigli per i blog

Infine, gli utenti di Internet in cerca di blog da leggere regolarmente possono prendere in considerazione la ricerca di consigli da amici o familiari che condividono un particolare interesse. Amici o familiari che sono interessati allo stesso argomento che potresti già leggere regolarmente blog pertinenti a questo interesse. Vale la pena chiedere loro consigli perché non hanno motivo di fare altro che consigliare blog di cui godono davvero e supponendo che anche tu sarai interessato. Inoltre, questo metodo di ricerca del blog è ideale perché i tuoi amici e la tua famiglia probabilmente conosceranno bene i tuoi gusti e le tue aspettative e ti condurranno nella giusta direzione.

 ESPERTO BLOGGER

Trova la nicchia del tuo blog

Trovare la tua nicchia di blog dovrebbe essere uno degli aspetti del blog che il blogger considera attentamente prima di iniziare. Ciò è particolarmente importante se il blog viene eseguito al fine di ottenere un risarcimento finanziario. Idealmente, il proprietario di un blog dovrebbe selezionare un argomento del blog di cui sia appassionato e di cui sia a conoscenza. Tuttavia, i blogger dovrebbero anche considerare attentamente la concorrenza diretta e lo scopo del blog prima di iniziare il loro blog. Questo articolo discuterà queste considerazioni in modo più dettagliato nel tentativo di aiutare i blogger a scegliere un argomento per un nuovo blog. Queste informazioni sono applicabili sia ai blogger che sono completamente nuovi ai blog sia ai

blogger esperti che stanno prendendo in considerazione l'idea di iniziare un nuovo blog.

Isolare i tuoi interessi

Una delle prime considerazioni per un nuovo blogger sono i suoi interessi personali. Questo è importante perché un blogger appassionato e ben informato su un particolare argomento non solo si divertirà a trovare idee per nuovi post sul blog, ma avrà anche molto successo. Questo successo è probabilmente dovuto al fatto che i blogger possono sentire la loro passione per l'argomento e apprezzare molto i post informativi che sono informativi e accurati.

Gli interessi del blogger possono abbracciare una vasta gamma di argomenti che sono ampiamente popolari agli argomenti che interessano un piccolo sottogruppo della popolazione. Tuttavia, è probabile che vi

siano lettori interessati indipendentemente dall'argomento del blog. Pertanto, i blogger non sono scoraggiati dalla scelta di blog anche sugli argomenti più oscuri. Tuttavia, i blogger che cercano guadagni finanziari attraverso un elevato traffico di blog dovrebbero prendere in considerazione la scelta di un argomento che piaccia a un pubblico più ampio.

Valutare la concorrenza

Una volta che un blogger ha selezionato uno o più argomenti che stanno prendendo in considerazione per un blog, è tempo di iniziare a valutare la concorrenza. Ciò include la visualizzazione di altri blog che trattano lo stesso argomento. Ciò non solo darà al blogger una buona indicazione del fatto che il mercato sia già saturo di blog su questo argomento e della qualità dei blog esistenti su questo argomento. Sulla base di queste informazioni, il blogger può prendere una decisione informata se si sente in grado

di competere o meno per il traffico di blog con blog esistenti.

Considerando lo scopo del blog

Un'altra considerazione importante per i blogger è lo scopo del blogging. I blog possono essere creati per una serie di motivi, tra cui compensazione finanziaria, uso personale o per promuovere una causa. I blogger che stanno iniziando un blog per uso personale potrebbero voler considerare i propri interessi quando iniziano un blog perché probabilmente non sono alla ricerca di traffico blog elevato. Tuttavia, i blogger che creano un blog per generare profitto o promuovere una causa devono considerare fattori come la capacità di generare traffico sul blog. In questi casi, il blogger deve scegliere un argomento che piace a un vasto pubblico. Inoltre, Internet non dovrebbe essere affollato di blog su questo argomento perché probabilmente per il nuovo blog sarà difficile ottenere una quota del traffico del blog. Infine, i proprietari dei blog dovrebbero considerare la qualità del blog che sono in grado di creare su un determinato argomento. Il blogger deve scegliere un argomento in cui è sicuro di poter non solo pubblicare post regolari, ma anche assicurarsi che questi post siano originali, informativi e interessanti.

Miglioramento del posizionamento nei motori di ricerca del tuo blog

I blogger interessati a raggiungere un vasto pubblico con il loro blog dovrebbero considerare di prestare particolare attenzione all'ottimizzazione dei motori di ricerca del tuo blog. Raggiungere un vasto pubblico può essere una priorità per diversi motivi. Uno dei motivi ovvi per provare a indirizzare più traffico verso un blog è quello di realizzare un profitto. I blogger che fanno affidamento sul blog ad alto traffico per le entrate sono ovviamente interessati ad aumentare il traffico. Tuttavia, i blogger che creano il loro blog per promuovere una causa potrebbero anche essere interessati ad aumentare il traffico semplicemente per consentire al tuo messaggio di raggiungere un pubblico più

ampio. Indipendentemente dal motivo per voler aumentare il traffico, uno dei modi migliori per farlo è ottimizzare il blog per i motori di ricerca. Questo articolo discuterà l'importanza delle classifiche dei motori di ricerca e offrirà suggerimenti per l'ottimizzazione di un blog.

Perché le classifiche dei motori di ricerca sono importanti

L'importanza di alti ranking dei motori di ricerca è che possono contribuire ad aumentare il traffico Internet verso il blog. Questo perché gli utenti di Internet che utilizzano i motori di ricerca per trovare informazioni su un determinato argomento hanno molte più probabilità di visitare i siti Web che compaiono sulla prima pagina dei risultati di ricerca rispetto ai siti Web che compaiono nelle pagine successivedai risultati di ricerca. È probabile che i siti Web nella prima pagina dei risultati ottengano più traffico. Tuttavia, è probabile che gli utenti di

 ESPERTO BLOGGER

Internet non cerchino più di una o due pagine di risultati di ricerca quando cercano maggiori informazioni su un argomento specifico.

Le alte classifiche dei motori di ricerca agiscono essenzialmente come pubblicità gratuita per un blog o un sito Web. Questo perché molti utenti del sito Web si affidano a motori di ricerca popolari per aiutarli a trovare informazioni utili su Internet. I motori di ricerca applicano algoritmi complessi per valutare i siti Web e classificarli in base a termini di ricerca specifici. Di conseguenza, gli utenti di Internet apprezzano molto i risultati della ricerca prodotti e si basano su questi risultati per condurli ai migliori siti Web disponibili pertinenti alle parole chiave specificate nella ricerca.

Suggerimenti per l'ottimizzazione di un blog per i motori di ricerca

Uno dei modi più comuni per ottimizzare un blog o un sito Web per i motori di ricerca è utilizzare parole chiave pertinenti. In particolare, la pratica di applicare densità di parole chiave specifiche al contenuto del blog è una tattica di ottimizzazione dei motori di ricerca comune utilizzata. I proprietari di blog e altri che cercano di ottimizzare i propri siti Web non sempre concordano sulla densità ottimale delle parole chiave, ma molti ritengono che una percentuale di circa il 2% - 3% sia appropriata.

Un altro metodo per ottimizzare l'ottimizzazione dei motori di ricerca è inserire parole chiave pertinenti nel codice del sito Web. Ciò include tag del titolo e tag META. Ciò è importante perché i motori di ricerca spesso tengono conto dell'importanza delle parole chiave nella valutazione di un sito Web. Questo si riferisce alla posizione in cui le parole chiave vengono visualizzate per la prima volta. Inserire le parole chiave all'inizio del contenuto del sito Web è utile, ma è importante notare che i motori di ricerca vedono prima il codice in modo che i motori di ricerca eseguano prima la scansione delle parole chiave che appaiono prima del corpo del blog.

I proprietari di blog possono anche aiutare ad aumentare il posizionamento nei motori di ricerca generando backlink al tuo blog. Ciò può essere realizzato in diversi modi. Un modo per farlo è quello di trovare altri siti Web disposti a inserire un link al tuo sito Web. Ciò è utile perché molti motori di ricerca tengono conto del numero di collegamenti a un sito Web nel loro algoritmo di classificazione poiché questi collegamenti sono considerati un sito Web che garantisce la validità di un altro sito Web. Alcuni proprietari di siti Web potrebbero essere disposti a farlo in cambio di un link al loro sito Web sul loro blog. Questo è noto come collegamento reciproco e alcuni motori di ricerca potrebbero non valutare questo collegamento quanto un collegamento non reciproco. Ci sono anche alcuni programmi di scambio di link, ma questi link potrebbero non essere utili perché molti motori di ricerca considerano il rango del sito Web che collega al tuo blog. Pertanto, se il sito Web che collega al tuo blog non si classifica bene, il backlink non migliorerà in modo significativo il ranking dei motori di ricerca.

Blog per tutti?

Il blog è un fenomeno relativamente nuovo. Fondamentalmente comporta la creazione di un giornale online che viene visualizzato in ordine cronologico inverso. Il blogger che gestisce il blog può scegliere di pubblicare nuovi post sul blog tutte le volte che lo desidera. Ciò può comportare la pubblicazione di nuovi post più di una volta al giorno, quotidianamente, settimanalmente, mensilmente o anche a intervalli meno frequenti. I post sul blog sono generalmente correlati in qualche modo, ma possono fare riferimento a qualsiasi argomento che il blogger desidera. I blogger possono mantenere un blog per diversi motivi e questi blog possono essere di natura privata o pubblica. Questo articolo descriverà la differenza tra un blog pubblico e privato e spiegherà anche il blog professionale e il blog per motivi personali.

 ESPERTO BLOGGER

Blog privati contro blog pubblici

I blog possono anche essere privati o pubblici. I blog privati sono quelli in cui solo il blogger e altri che sono stati approvati dal blogger possono visualizzare i post del blog. I blog pubblici sono disponibili per qualsiasi utente di Internet. Un blogger può scegliere di fare un blog privato o pubblico, a seconda che si senta a proprio agio con gli altri che leggono il blog. Ad esempio, un blogger che crea un blog allo scopo di lasciar andare le frustrazioni della vita può scegliere di mantenere un blog privato in modo che amici o parenti non possano leggere queste prese d'aria. Al contrario, un blogger che sta bloggando per uno scopo come la promozione di una causa probabilmente sceglierà di rendere pubblico il blog in modo che il suo messaggio raggiunga il maggior numero possibile di utenti Internet. Tuttavia, i blogger che creano un blog per esprimersi attraverso la loro scrittura, poesia o altra forma di espressione possono scegliere di

 ESPERTO BLOGGER

rendere il blog privato o pubblico, a seconda che vogliano rendere disponibili questi sentimenti personali agli altri. Alcuni blogger in questa situazione renderanno pubblico il blog perché vogliono contattare altri che possono condividere i loro sentimenti o trarre vantaggio dalla lettura dei loro blog. Ci possono essere altri blogger in questa situazione che renderanno il blog privato perché non vogliono che altri vedano queste forme di espressione personali.

Blog professionale

Il blog può effettivamente essere fatto come fonte di reddito per alcuni blogger. Esistono diverse aziende che gestiscono una rete di blogger e blogger pagati per mantenere un blog sulla rete. Questi blogger possono essere compensati per la pubblicazione, in base al numero di visite alla pagina che ospita il blog o da una combinazione del numero di pubblicazioni e del numero di visite alla pagina. Una carriera come blogger richiede

molta dedizione. Il blogger deve essere disposto e in grado di aggiornare il blog regolarmente e mantenere il blog interessante per i lettori.

Blogging per motivi personali

Il blog può anche essere fatto per motivi personali. Alcuni blogger usano il loro blog per rimanere in contatto con familiari e amici, mentre altri lo usano per esprimere o condividere informazioni con altri. I blog creati per motivi personali possono essere molto divertenti, ma il blogger dovrebbe evitare di rendere stressante il processo di manutenzione del blog. Un blog gestito per motivi personali dovrebbe essere un'esperienza piacevole per il blogger.

 ESPERTO BLOGGER

Informazioni sul blog

Esistono diversi motivi per cui un blogger avvia e gestisce un blog. Alcuni di questi motivi includono la generazione di entrate, la promozione di una causa, la fornitura di informazioni utili e il contatto con familiari e amici. Sebbene questi motivi per l'avvio di un blog possano essere molto diversi, tutti i blogger dovrebbero dedicare un po 'di tempo a conoscere i blog prima di iniziare un'esperienza di blogging. Ciò contribuirà a garantire che il blog raggiunga lo scopo previsto e contribuirà anche a impedire al blogger di commettere errori che possono danneggiare un blog. Questo articolo discuterà i metodi per apprendere sul blog, incluso lo studio di blog di successo e l'uso di Internet per ricercare l'argomento del blog. Questo articolo spiegherà anche brevemente l'importanza di promuovere un blog.

Studia blog di successo

Uno dei modi più semplici per i futuri blogger e i nuovi blogger per conoscere i blog è studiare blog di successo. Chi ha recentemente iniziato un blog o sta pensando di iniziare un blog può imparare molto semplicemente leggendo e studiando blog di successo. I blogger possono scegliere di studiare blog incentrati su un argomento simile, ma ciò non è necessario. I blogger possono imparare molto su come mantenere un blog di successo studiando blog relativi a qualsiasi argomento. Questo perché fattori come lo stile di scrittura, il layout del blog, il carattere e i colori possono tutti contribuire al successo del blog.

Quando studia altri blog, i blogger dovrebbero prestare particolare attenzione agli aspetti del blog che attirano la loro attenzione. Questo è importante perché questi aspetti possono anche attrarre altri visitatori del blog e contribuire al successo del blog. Modellare un blog con questi aspetti in mente può contribuire notevolmente al successo di un blog.

Utilizzo di Internet per la ricerca di suggerimenti per i blog

Internet può essere un'ottima risorsa per conoscere il blog. Esistono diversi oggetti diversi correlati a questo tema. Questi articoli possono contenere suggerimenti per l'avvio, la manutenzione e l'ottimizzazione di un blog. Possono anche contenere suggerimenti per generare traffico su un blog e mantenere i visitatori interessati.I blogger sono incoraggiati a studiare attentamente le informazioni disponibili online e a considerare sempre la fonte delle informazioni. Considerare la fonte delle informazioni è importante perché può aiutare a garantire che le informazioni ottenute da Internet siano affidabili. Tuttavia, questo può

essere difficile perché non è sempre possibile determinare la fonte delle informazioni disponibili su Internet.

Un'altra opzione per verificare la validità delle informazioni disponibili online è quella di utilizzare altre fonti per confermare le informazioni. Ciò significa che un blogger può trovare un articolo che fornisce vari suggerimenti per la gestione di un blog di successo, ma cerca comunque online informazioni che confermano le informazioni disponibili nell'articolo originale. Ciò può sembrare ridondante, ma può aiutare a impedire al blogger di accettare informazioni false come corrette.

L'importanza di promuovere un blog

Infine, i blogger devono comprendere l'importanza della promozione di un blog e devono ricercare metodi per promuovere il proprio blog. La promozione di un blog è molto importante perché è attraverso questo tipo di promozione che un blog ottiene traffico. Ottenere traffico è un must per il successo del blog nella maggior parte dei casi. Le poche eccezioni includono i blog gestiti esclusivamente per l'uso personale dei blogger, nonché i blog gestiti allo scopo di mantenere amici e parenti aggiornati sugli eventi della vita dei blogger. Tutti gli altri blog possono trarre vantaggio dall'aumento del traffico blog.

I blogger possono imparare come promuovere con successo un blog considerando come hanno imparato a conoscere i blog che leggono frequentemente. Ciò è significativo perché gli utenti di Internet che leggono blog probabilmente hanno metodi simili per trovare questi blog. Ad esempio, un lettore di blog che abbia appreso di un blog interessante attraverso la partecipazione a una bacheca pertinente probabilmente prenderà in considerazione di

rimanere attivo su bacheche pertinenti al proprio blog come metodo per promuovere il proprio blog.

Mantieni un blog di successo

La creazione di un blog è relativamente semplice. Tuttavia, mantenere un blog di successo è un processo molto più difficile. Questo perché ci sono molti fattori diversi che possono contribuire al successo di un blog. Alcuni di questi fattori includono il tema del blog, la popolarità del blog e persino il design estetico del blog. In aggiunta, la capacità di promuovere adeguatamente il blog e raggiungere un vasto pubblico di utenti Internet interessati avrà anche un profondo impatto sul successo di un blog. Anche se non esiste una formula semplice per creare e mantenere un blog di successo, ci sono alcuni suggerimenti di base che possono aiutare a garantire che un blogger abbia successo con il suo blog. Questo articolo descriverà alcuni di questi

suggerimenti di base, come pubblicare nuovi post regolarmente, scrivere per un pubblico specifico e valutare correttamente le modifiche apportate al blog.

Pubblica nuovi post sul blog regolarmente

L'importanza di pubblicare regolarmente nuovi post sul blog non può essere sottovalutata. Questo è molto importante perché i periodici offrono ai visitatori di blog dedicati un incentivo per continuare a tornare al blog. I lettori possono originariamente visitare un blog per caso, ma accettano di tornare al blog regolarmente in base al contenuto fornito regolarmente. Se il blogger consente al blog di ristagnare, i lettori non hanno alcuna motivazione per continuare a tornare al blog. Tuttavia, se ci sono nuovi post su base regolare, è probabile che i visitatori tornino al blog spesso in previsione di nuovi post.

ESPERTO BLOGGER

La lunghezza e la profondità di un post sul blog possono variare considerevolmente a seconda dell'argomento del blog e delle aspettative del pubblico target. Tuttavia, in molti casi, anche un post di blog relativamente breve che offre solo una piccola quantità di informazioni può essere sufficiente per mantenere i lettori interessati.

Questo può tornare utile quando il blogger non è in grado di fornire post approfonditi, ma a lungo termine i lettori di blog cercano un certo grado di sostentamento e probabilmente si aspettano che il blog venga aggiornato regolarmente con nuovi post. Inoltre, arriveranno ad aspettarsi una certa voce e qualità nei post dei blog, quindi i blogger che arruolano l'uso dei blogger ospiti dovrebbero valutare attentamente i blogger ospiti per assicurarsi di essere in grado di pubblicare blog che il pubblico apprezzerà.

 ESPERTO BLOGGER

Comprendi il pubblico del blog

I blogger di successo devono anche essere esperti nella comprensione del pubblico del blog. I blog di maggior successo si concentrano su una nicchia abbastanza unica che attira un insieme unico di visitatori. Mantenendo le informazioni pubblicate sul blog relative a questa nicchia, il blogger aiuta a garantire che il pubblico rimanga interessato al blog. Tuttavia, l'argomento non è l'unico aspetto importante relativo alla comprensione del pubblico target.

I blogger dovrebbero anche avere una buona comprensione del tipo di informazioni che i lettori di blog stanno cercando e di come preferiscono che le informazioni vengano fornite loro. Questo è importante perché alcuni lettori di blog possono apprezzare i pezzi lunghi, mentre altri preferiscono i post brevi. Altri visitatori del blog potrebbero preferire che i post vengano forniti come punti elenco in modo facile da leggere.

92

Fornire informazioni in modo che i visitatori possano facilmente elaborare le informazioni è importante quanto fornire informazioni di qualità.

Valutazione delle modifiche nel blog

Infine, tutti i blogger di successo sanno come apportare modifiche ai blog con attenzione e valutare gli effetti di tali modifiche sul traffico dei blog.

Questo è fondamentale perché un blog che ha già successo potrebbe essere destinato al fallimento se il blogger coglie un'opportunità che non è apprezzata dai visitatori dedicati e non affronta le preoccupazioni dei lettori. Per evitare questo potenziale problema, i blogger dovrebbero fare attenzione a apportare solo una modifica alla volta e concedere abbastanza tempo per valutare l'effetto della modifica sul traffico del sito Web, nonché i commenti dei lettori prima di decidere se

eseguire il rollback, cambiare o apportare ulteriori modifiche.

Allo stesso modo, un blog che cerca di aumentare il traffico del sito Web può incorrere in problemi se apporta troppe modifiche e non valuta in che modo tali modifiche influiscono sul traffico. Una strategia migliore sarebbe quella di apportare piccole modifiche una alla volta e valutare attentamente l'effetto della modifica prima di apportare ulteriori modifiche. Ciò contribuirà a guidare il blogger a produrre un blog di successo.

Gestisci più blog

Mentre alcuni blogger possono concentrarsi esclusivamente su un blog alla volta, ci sono molti blogger che riescono a mantenere più blog contemporaneamente allo stesso tempo. Tuttavia, non tutti i blogger lo fanno con successo. Alcuni blogger compromettono la qualità dei contenuti e la quantità di contenuti cercando di mantenere troppi blog, mentre altri blogger hanno la possibilità di mantenere più blog aggiornati e interessanti per i visitatori.

Ci sono alcuni elementi chiave per mantenere più blog di successo. Questo articolo discuterà alcuni di questi elementi, tra cui la conservazione dei contenuti originali, l'aggiornamento dei blog e il tempo necessario per lavorare su ogni blog.

 ESPERTO BLOGGER

Conserva il contenuto originale

I blogger che gestiscono più blog devono fare attenzione a mantenere il contenuto di ciascun blog originale. Anche se il blogger gestisce più blog correlati, è importante assicurarsi che ognuno di questi blog contenga post di blog originali.

Ciò contribuirà a impedire ai visitatori del blog di ritenere che le informazioni che ricevono non siano originali. Aiuterà anche a impedire ai lettori che visitano spesso uno o più blog dei blogger di decidere di iniziare a visitare solo uno dei blog perché considerano i post ridondanti.

Si consiglia inoltre ai blogger di non rubare post da altri blog simili. Non solo è illegale, ma è anche improbabile che aiuti molto il blogger perché è probabile che i lettori dedicati del blog originale si rendano conto

che il nuovo blog sta semplicemente rubando contenuti da un blog di maggior successo.

Tieni aggiornato ogni blog

Si consiglia inoltre ai blogger che gestiscono più blog di assicurarsi che ciascun blog sia aggiornato. Ciò significa che dovrebbero fare attenzione a postare regolarmente su ogni blog. In questo modo si eviteranno problemi che i visitatori del blog ritengono stagnanti i blog.

Anche i blog più interessanti e informativi possono perdere rapidamente traffico se i visitatori del blog non vedono regolarmente nuovi contenuti. Internet è in continua evoluzione e aggiornamento. Di conseguenza, gli utenti di Internet possono permettersi di essere pignoli e non è probabile che rimangano coinvolti in un blog che non pubblica regolarmente nuove informazioni perché è probabile che trovino

altri blog disponibili che forniscono aggiornamenti più frequentemente.

Trova il tempo di lavorare su ogni blog

I blogger che gestiscono più blog devono anche affrontare il dilemma di trovare il tempo di lavorare su ciascun blog. Tuttavia, questo è molto importante perché i blogger non possono permettersi di trascurare uno o più dei loro blog. Ciò può comportare una notevole riduzione del traffico del blog. Pertanto, i blogger che desiderano mantenere più blog dovrebbero pianificare attentamente il proprio tempo per assicurarsi di trascorrere abbastanza tempo su ciascun blog. Questo esercizio di gestione del tempo può iniziare valutando le esigenze di ciascun blog. Alcuni blog potrebbero richiedere una grande quantità di tempo e sforzi ogni settimana per far funzionare correttamente il blog, mentre altri blog potrebbero richiedere solo una piccola quantità di tempo per lo stesso scopo. In generale, i blog che richiedono molta ricerca richiederanno più tempo ed energia dai blogger rispetto ai blog che si basano sulle opinioni e sui sentimenti dei blogger e quindi non richiedono tanta ricerca. Una volta che il blogger ha determinato il tempo necessario per la manutenzione di ciascun blog, può pianificare il proprio tempo di conseguenza.

Tuttavia, è necessario pianificare la valutazione del funzionamento di ciascun blog e potrebbe essere necessario apportare modifiche al programma, se necessario. Inoltre, potrebbe essere necessario prendere la decisione di eliminare un blog o richiedere assistenza per mantenere i blog aggiornati, se necessario.

Monitora il blog di tuo figlio

I blog stanno diventando sempre più popolari e questa popolarità non è solo tra gli adulti. Anche i bambini piccoli si stanno interessando ai blog. Con l'avvento dei siti di social network come MySpace, i blog stanno crescendo a passi da gigante. Gli utenti di Internet hanno ora una varietà di opzioni disponibili per blog. Inoltre, la crescente popolarità dei blog attualmente disponibili incoraggia l'interesse per i blog con altri utenti di Internet. I bambini vengono bombardati ogni giorno con una varietà di blog disponibili online e sono comprensibilmente interessati a creare i propri blog. Nella maggior parte dei casi, i bambini creano blog per motivi sociali, ma ci sono alcuni bambini intelligenti che realizzano il potenziale di guadagno del blog.

Mentre ci sono molti benefici che i bambini possono trarre dal blog, ci sono anche alcuni rischi. Pertanto, i genitori dovrebbero monitorare attentamente il blog dei loro figli, nonché tutto il loro uso di Internet. Questo articolo discuterà l'argomento del monitoraggio del blog di un bambino in modo più dettagliato.

Discutere le aspettative del blog con i bambini

Il primo passo che i genitori dovrebbero fare quando un bambino è interessato al blog è discutere a fondo delle aspettative con il bambino. Il bambino e i genitori dovrebbero avere una discussione aperta e onesta sull'uso responsabile di Internet. Questo è importante perché queste conversazioni possono gettare le basi di come il bambino si comporterà online. Esistono alcuni pericoli su Internet, ma i genitori che comprendono questi pericoli e comunicano con i propri figli per condividere questo potenziale pericolo, così come le informazioni su come rimanere al sicuro mentre sono online, probabilmente avranno figli che rimangono al sicuro mentre sono online.

Quando un bambino sta pensando di iniziare un blog, il genitore dovrebbe essere coinvolto nel processo dall'inizio. Il genitore non deve solo essere consapevole dell'intenzione del bambino di iniziare a bloggare, ma deve anche essere consapevole della ragione del bambino per voler blog e intenzioni del blog. Questo è importante perché può aiutare i genitori a stabilire linee guida adeguate per i blog. Ad esempio, un bambino può essere interessato ai social media attraverso un blog, ma deve capire che esiste una possibilità di pericolo con questo tipo di blog. I genitori dovrebbero limitare il contenuto del blog e consigliare ai bambini di evitare di rivelare informazioni personali come il loro nome completo, indirizzo e numero di telefono sul blog. Altre informazioni che possono essere

utilizzate per identificare e localizzare il bambino dovrebbero essere evitate.

Rivedi periodicamente il blog di tuo figlio

Oltre a discutere di blog con il bambino e stabilire regole di base per i contenuti del blog, i genitori dovrebbero visitare regolarmente il blog per assicurarsi che vengano seguite le regole stabilite. I genitori dovrebbero controllare regolarmente i blog dei loro figli, ma non dovrebbero informarli quando avranno luogo queste recensioni.

Ciò contribuirà a impedire ai bambini di modificare il blog rimuovendo materiale discutibile durante la revisione e sostituendo questo materiale una volta completata la revisione. Questo è importante perché sarebbe abbastanza semplice per il bambino apportare rapidamente modifiche semplicemente salvando i file e sostituendoli

ESPERTO BLOGGER

con post di blog appropriati durante le revisioni programmate.

Monitora i blog frequentati da tuo figlio

I genitori dovrebbero anche considerare di monitorare regolarmente i blog che i loro figli frequentano. Questo è importante perché le informazioni che i bambini vedono online possono essere dannose. È anche importante perché la maggior parte dei blog offre ai visitatori l'opportunità di comunicare con il blogger.

Nella maggior parte dei casi, questa comunicazione è sotto forma di commenti lasciati per il blogger e il blogger può scegliere di rispondere a questi commenti. In alcuni casi, il visitatore potrebbe anche avere l'opportunità di fornire al blogger informazioni di contatto personali. I genitori che rimangono in cima ai blog visitati dai loro figli possono rivedere questi blog attentamente per assicurarsi che i loro figli non si comportino male online e non rischino accidentalmente le loro azioni.

Ottimizzare il tuo blog per i motori di ricerca

I blogger che sono interessati a molto traffico verso il tuo blog e mantengono un blog di successo dovrebbero prestare particolare attenzione alle tecniche di ottimizzazione dei motori di ricerca che possono aiutare a migliorare il posizionamento dei motori di ricerca nei loro blog. Tutti i motori di ricerca utilizzano una sorta di algoritmo di classificazione utilizzato per determinare l'ordine in cui i siti Web vengono restituiti quando un utente di Internet cerca informazioni su un argomento specifico. Tuttavia, non tutti i motori di ricerca utilizzano lo stesso algoritmo per questo scopo. Di conseguenza, non esiste una soluzione semplice per ottimizzare un blog per classifiche elevate su tutti i motori di ricerca. Tuttavia, ci sono alcuni suggerimenti che possono essere utili con la maggior parte dei motori di ricerca. Questi suggerimenti includono l'uso di parole chiave pertinenti, la generazione di collegamenti ai blog e l'utilizzo di tag immagine in modo utile.

L'importanza delle parole chiave

L'uso di parole chiave pertinenti nei post di blog è uno dei modi più comuni e anche uno dei modi più semplici per ottimizzare le classifiche dei motori di ricerca. Tuttavia, non tutti i blogger concordano sui modi migliori per utilizzare parole chiave pertinenti per ottimizzare le classifiche dei motori di ricerca. Alcuni blogger ritengono che le parole chiave dovrebbero essere utilizzate spesso per creare densità di parole chiave elevate, mentre altri ritengono che l'utilizzo di parole chiave a densità inferiori dell'1% - 3% e prestando attenzione al posizionamento delle parole chiave sia strategia più preziosa. Altri blogger sostengono che il semplice utilizzo di parole chiave pertinenti, così come vengono naturalmente nel flusso di post sul blog, è sufficiente per garantire che i motori di ricerca comprendano il contenuto del blog.

Indipendentemente dalla strategia delle parole chiave, un blogger sceglie di impiegare tutti i blogger che possono trarre vantaggio dalla ricerca di parole chiave pertinenti. Potrebbero avere un blog che fa riferimento a un argomento generale, come il giardinaggio, ma non conoscono i termini di ricerca che gli utenti di Internet usano spesso durante la ricerca di questo argomento. Fortunatamente, ci sono molti programmi disponibili che generano parole chiave correlate per un momento particolare, dando al blogger altre parole chiave che dovrebbero prendere in considerazione. Per l'esempio di un blog sul giardinaggio, il blogger può utilizzare parole chiave aggiuntive come giardinaggio in container o giardinaggio domestico per attirare più interesse da parte degli utenti dei motori di ricerca.

 ESPERTO BLOGGER

Generazione di collegamenti posteriori favorevoli

I backlink sono anche un altro fattore comune utilizzato negli algoritmi di ranking dei motori di ricerca. Molti motori di ricerca considerano la quantità di collegamenti che puntano a un sito Web, nonché la qualità dei siti Web che forniscono questi collegamenti. Ciò significa che le classifiche dei motori di ricerca del sito Web che puntano al tuo blog potrebbero influenzare la quantità di peso che il backlink contribuisce alle tue classifiche. Questo perché alcuni motori di ricerca considerano i siti Web con il punteggio più alto più preziosi di altri siti Web non classificati correttamente, e quindi premiano favorevolmente i siti Web che ricevono collegamenti da questi siti Web di alto livello classificazione.

Alcuni algoritmi dei motori di ricerca considerano anche se i backlink sono reciproci o non reciproci. In questi casi, i collegamenti non reciproci sono generalmente considerati più preziosi dei collegamenti reciproci. Inoltre, i backlink che provengono da scambi di link o link farm non sono generalmente considerati molto influenti nelle classifiche dei motori di ricerca.

Come le immagini possono migliorare il posizionamento nei motori di ricerca

I blogger dovrebbero anche essere consapevoli del fatto che qualsiasi immagine utilizzata nel loro blog può essere utilizzata per migliorare il posizionamento nei motori di ricerca con alcuni motori di ricerca. Questo aspetto dell'ottimizzazione dei motori di ricerca viene spesso trascurato perché molti blogger credono che le immagini non vengano visualizzate dai motori di ricerca. Sebbene ciò sia vero, i motori di ricerca eseguono la scansione del codice del blog

oltre al contenuto del blog. Ciò significa che il motore di ricerca vedrà le informazioni fornite nei tag immagine. I blogger possono trarne vantaggio utilizzando i tag immagine per fornire parole chiave pertinenti in grado di migliorare il posizionamento nei motori di ricerca. Tuttavia, è necessario assicurarsi che le parole chiave utilizzate in questi tag descrivano accuratamente anche l'immagine perché i visitatori del blog vedranno spesso il testo incluso in questi tag quando si passa con il mouse su un'immagine nel blog.

Effettua un ordine quando acquisti online

Gli acquirenti online hanno una varietà di opzioni disponibili per effettuare un ordine. Lo shopping online è già abbastanza conveniente per una serie di motivi, tra cui la comodità e la possibilità di acquistare articoli da rivenditori di tutto il mondo. La possibilità di ordinare in vari modi rende lo shopping online più desiderabile per alcuni consumatori. Questo articolo tratterà alcune delle opzioni disponibili per effettuare un ordine quando si effettuano acquisti online, incluso l'uso del sito Web per effettuare l'ordine, la chiamata al servizio clienti per effettuare l'ordine e l'invio di fax o posta.

Effettuare ordini attraverso il sito Web

Una delle opzioni più popolari per l'ordinazione quando si acquista online è ordinare direttamente tramite il sito Web del rivenditore online. Nella maggior parte dei casi, i rivenditori online offrono la possibilità di aggiungere articoli a un carrello virtuale durante la navigazione degli articoli disponibili offerti in vendita. Dopo che il consumatore ha terminato gli acquisti, può rivedere il contenuto del proprio carrello e aggiungere, sottrarre o modificare il contenuto del carrello se necessario prima di continuare con la procedura di pagamento per l'esperienza di acquisto online. Durante la procedura di pagamento, il consumatore fornisce informazioni quali le informazioni sulla carta di credito e l'indirizzo di fatturazione, nonché l'indirizzo a cui desidera spedire gli articoli. L'acquirente online può scegliere di inviare l'articolo ad altri. Mentre lo shopping online è generalmente considerato sicuro, i consumatori dovrebbero

verificare che il sito Web sia gestito attraverso un server sicuro che proteggerà le informazioni riservate. Un modo per farlo è guardare l'indirizzo del sito web. I siti Web sicuri iniziano con https: // mentre i siti Web non sicuri iniziano con http: //.

Chiamare il servizio clienti per effettuare un ordine

Gli acquirenti online possono cercare articoli online, ma possono decidere di acquistarli chiamando un rappresentante del servizio clienti invece di ordinare online. I clienti possono scegliere questa opzione per diversi motivi. Si è possibile che alcuni rivenditori online non hanno la possibilità di completare l'acquisto on-line o che queste caratteristiche potrebbero non funzionare correttamente e in questi casi l'acquirente sarà probabilmente ordine per telefono. Tuttavia, ci sono situazioni in cui un consumatore può scegliere di chiamare il servizio clienti per ordinare, anche quando è possibile farlo online. Ciò può includere situazioni in cui l'ordine è particolarmente complesso o situazioni in cui il consumatore ha domande a cui desidera rispondere prima di effettuare un ordine. Gli acquirenti online che effettuano un acquisto in questo modo devono disporre di tutte le informazioni necessarie prima di contattare il servizio clienti. Queste informazioni includono il numero del prodotto, le informazioni di fatturazione e le informazioni di spedizione.

Invio di fax o posta

Gli acquirenti online possono anche ordinare via fax o posta al rivenditore online. Il consumatore può cercare articoli online e persino stampare il modulo d'ordine dal sito Web del rivenditore online. Sebbene questo non sia il metodo di acquisto online più comune, ci sono alcuni consumatori che usano ancora questo metodo. Un esempio di utilizzo di questo metodo è la possibilità di pagare un ordine con un assegno anziché una carta di credito. Potrebbe essere richiesta una carta di credito per gli ordini effettuati online o con un rappresentante del servizio clienti. I clienti che inviano via fax o posta un modulo d'ordine possono avere la possibilità di utilizzare una carta di credito per pagare l'ordine, ma possono anche avere la possibilità di utilizzare un assegno.

Questo è l'ideale per gli acquirenti online che non hanno una carta di credito o non vogliono caricare articoli su una carta di credito. Sebbene ci siano alcuni vantaggi in questo metodo di ordinazione da un rivenditore online, questo metodo presenta un grosso svantaggio. Questo svantaggio è che l'elaborazione potrebbe richiedere più tempo rispetto ad altri metodi. Quando un cliente effettua un ordine tramite un sito Web o per telefono, l'ordine viene generalmente elaborato istantaneamente. Tuttavia, quando il consumatore invia il modulo d'ordine, potrebbero essere necessari alcuni giorni per arrivare e quindi potrebbero essere necessari tempi di elaborazione aggiuntivi. Anche gli ordini via fax potrebbero non essere elaborati immediatamente nonostante arrivino rapidamente.

Prodotti per facilitare i blog

Esistono numerosi prodotti che possono semplificare il processo di blog. Sebbene il blogging non sia un processo difficile, ci possono essere alcuni aspetti del blogging che sono travolgenti per i nuovi blogger o blogger che non hanno molta esperienza su Internet. Questi prodotti possono essere molto utili per il blogger semplificando il processo di progettazione o contribuendo a rendere il blog più attraente per i lettori di blog. Questo articolo discuterà alcuni dei prodotti attualmente disponibili per facilitare il blog, tra cui software di blog, software di progettazione di siti Web e generatori di parole chiave.

 ESPERTO BLOGGER

Programmi software di blog

I programmi software di blog sono alcuni dei programmi più ovvi che i blog rendono facili. Questi programmi sono facilmente disponibili e molti di essi sono gratuiti. I programmi software di blogging possono semplificare notevolmente il processo di blogging, soprattutto se il blogger utilizza i modelli inclusi in questi programmi. In alcuni casi, l'atto di creare un blog una volta impostato il blog può essere semplice come digitare il testo del blog in un editor di testo e premere un pulsante per blog. Tuttavia, ci vorrà un po 'di lavoro in anticipo dal blogger per impostare il layout del blog.

Anche il processo di progettazione è notevolmente semplificato con questi programmi, soprattutto se il blogger sceglie di utilizzare i modelli nel programma. Il blogger potrebbe semplicemente dover scorrere un elenco di opzioni e selezionare quelle più interessanti per loro. Sulla base di

queste selezioni, il software genererà il blog con design, colori, caratteri e persino opzioni pubblicitarie appropriati. I blogger più ambiziosi possono scegliere di utilizzare le loro capacità di programmazione per personalizzare questi modelli, ma questo non è necessario e il blog funzionerà abbastanza bene senza alcuna personalizzazione aggiuntiva.

Software di progettazione di siti Web

Il software di progettazione di siti Web può anche essere uno strumento utile per i nuovi blogger che desiderano creare un blog esteticamente accattivante e funzionale. Questi programmi software consentono ai blogger senza background di progettazione di creare un blog con un aspetto unico. Utilizzando questo tipo di software, il blogger può scorrere le opzioni, apportare modifiche al volo, visualizzare in anteprima le modifiche e persino caricare foto da utilizzare sul blog. Poiché queste modifiche

vengono apportate nel programma di progettazione software, il codice per queste opzioni di progettazione viene generato, aggiornato e archiviato automaticamente in base alle esigenze.

Generatori di parole chiave

I blogger che cercano di indirizzare una grande quantità di traffico web verso un sito Web dovrebbero anche considerare l'utilizzo del generatore di parole chiave per aiutarli a determinare quali parole chiave dovrebbero usare sul loro blog. Il blogger può desiderare che il blog sia coinvolgente e informativo come una priorità, ma un uso attento delle parole chiave in tutto il blog e nel codice del blog può contribuire a classificare i motori di ricerca più elevati per il blog. Questo è importante perché i ranking dei motori di ricerca elevati spesso si traducono in un elevato traffico di blog. Questo perché gli utenti di Internet fanno molto affidamento sui motori di ricerca per aiutarli a trovare i

migliori siti Web pertinenti a determinate parole chiave utilizzate durante le ricerche. Queste classifiche elevate dei motori di ricerca agiscono essenzialmente come pubblicità gratuita per il proprietario del blog, poiché gli utenti di Internet si aspettano che i siti Web di ranking più elevato siano i siti Web più informativi, quindi è probabile che visitino i blog con un buon posizionamento con motori di ricerca anziché blog che verranno successivamente sepolti nelle pagine dei risultati di ricerca.

Promuovere il tuo blog

Bloggare può essere molto divertente per alcuni blogger, ma per altri è una fonte di reddito. Indipendentemente dal fatto che queste entrate siano ottenute attraverso una campagna AdSense, annunci a pagamento, marketing di affiliazione o qualche altro tipo di fonte di generazione di entrate, uno degli elementi chiave per massimizzare questo vantaggio è aumentare il traffico blog.

Questo perché più visitatori riceve il blog, più opportunità ci sono per il blogger di fare clic sui visitatori sugli annunci del blog. Esistono alcune tecniche di base di cui i blogger possono fidarsi per promuovere il loro blog e aumentare il traffico verso il loro blog. Questo articolo tratterà alcuni di questi concetti chiave, tra cui la partecipazione a bacheche pertinenti, l'ottimizzazione del blog per i motori di ricerca e l'interesse per i visitatori.

Partecipazione attiva alle bacheche

La partecipazione a bacheche relative all'argomento del blog è in realtà un modo molto semplice per i proprietari di blog di indirizzare il traffico verso il tuo blog. Tuttavia, un avvertimento sull'uso di questo tipo di promozione blog è quello di evitare di violare le regole della bacheca. Questo è importante perché alcune bacheche hanno rigide normative per quanto riguarda l'inclusione di collegamenti ad altri siti Web nella bacheca. La mancata osservanza di queste linee guida può far sì che il blogger venga espulso dalla bacheca e può anche fare in modo che altri utenti della bacheca non pensino molto al proprietario del blog.

Un'altra attenta considerazione per il proprietario del blog è quella di evitare di pubblicare l'indirizzo web sul tuo blog in un modo che viene considerato spam da altri utenti della bacheca. Ciò è importante perché è improbabile che altri utenti della bacheca visitino il blog se ritengono che il proprietario del blog stia semplicemente inviando spam alla bacheca. Ciò può essere evitato includendo il collegamento al blog nella firma e assicurando che i post pubblicati nella bacheca siano informativi e di interesse per altri utenti della bacheca. Costruire una reputazione come utile collaboratore della bacheca sarà utile per attirare altri utenti della bacheca a visitare il blog.

Ottimizzare il tuo blog

L'ottimizzazione dei motori di ricerca è un altro fattore che i proprietari del blog dovrebbero anche considerare attentamente. L'ottimizzazione del blog per i motori di ricerca può essere utile perché un posizionamento migliore nei motori di ricerca spesso porta ad un aumento del traffico sul blog. A seconda della concorrenza sul tema del blog, salire in cima alle classifiche dei motori di ricerca non è sempre facile. I proprietari di blog che hanno un blog di argomento molto popolare possono affrontare una forte concorrenza per le classifiche dei motori di ricerca di altri blog e siti Web che potrebbero avere i mezzi per assumere professionisti nel settore dell'ottimizzazione dei motori di ricerca per aiutarli a raggiungere alte classifiche. Tuttavia, ci sono alcuni passaggi che il blogger può fare per cercare di aumentare la classifica. Alcuni di questi passaggi includono la ricerca e l'utilizzo di parole chiave pertinenti in modo naturale in tutti i post del blog, l'incorporamento di queste parole chiave nei tagtitle, META e image, evitando tecniche di ottimizzazione del cappello nero che potrebbero risultare in quanto il blog è penalizzato dai motori di ricerca.

Mantieni il tuo blog interessante

Infine, uno dei modi più semplici in cui un proprietario di un blog può aiutare a indirizzare il traffico verso il proprio blog è aggiornandolo regolarmente e rendendolo interessante. Questo è importante perché un blog interessante ha molte più probabilità non solo di mantenere il traffico blog ma anche di generare nuovo traffico. Questo perché è probabile che i lettori interessati alle pubblicazioni sul blog non solo continuino a farli tornare sul blog, ma lo raccomandino anche ad altri membri del pubblico di destinazione. Questo tipo di pubblicità passaparola può essere molto utile perché coloro che sono interessati al contenuto di un determinato blog in genere hanno anche amici che sarebbero interessati anche al blog. Una volta che il proprietario di un blog consiglia un blog a uno o più amici, è probabile che questi nuovi visitatori del blog lo raccomandino anche ad altri se lo trovano interessante, utile o comunque utile.

Suggerimenti per mantenere aggiornato il tuo blog

Mantenere un blog aggiornato è uno degli aspetti più importanti del blog. Questo è molto importante perché i visitatori regolari dei blog si aspettano nuovi post su base regolare. Non tutti i visitatori si aspettano di vedere un nuovo post una volta al giorno, ma la maggior parte dei lettori di blog si aspetta che i contenuti del blog vengano aggiornati regolarmente. Nella maggior parte dei casi, i visitatori si aspettano nuovi contenuti almeno settimanalmente. Tuttavia, a seconda dell'argomento, i visitatori possono aspettarsi aggiornamenti su una base più frequente. Allo stesso modo, i visitatori potrebbero non essere interessati a ricevere questo tipo di informazioni più di un paio di volte all'anno.

I proprietari dei blog dovrebbero essere consapevoli della frequenza con cui i lettori si aspettano nuovi post e dovrebbero sforzarsi di costringere i lettori ad aggiornamenti così spesso. Questo articolo discuterà i metodi per mantenere aggiornato un blog, inclusa la pianificazione di regolari orari di blogging, l'uso intelligente degli strumenti di blogging e l'assunzione di blogger ospiti quando necessario.

Trova il tempo di pubblicare tutti i giorni

Un modo per garantire che un blog rimanga aggiornato è pianificare un orario per il blog ogni giorno. Ciò è particolarmente importante quando i lettori di blog si aspettano nuovi post ogni giorno o almeno più volte alla settimana. I blogger che assegnano ogni giorno un determinato periodo di tempo alla ricerca, alla scrittura e alla pubblicazione dei blog hanno maggiori probabilità di avere un blog aggiornato rispetto ai blogger che intendono svolgere

 ESPERTO BLOGGER

attività quando trovano il tempo per farlo. Potrebbero esserci ancora giorni in cui il blogger non può pubblicare un nuovo post sul blog, ma questi giorni saranno meno frequenti rispetto a se il blogger non ha un lasso di tempo strettamente dedicato a mantenere aggiornato il blog.

Nei giorni in cui il blog non può passare il tempo a scrivere sul blog, il blogger potrebbe voler pubblicare almeno un breve messaggio che spiega perché non è stato possibile pubblicare un nuovo post. Ciò consentirà ai lettori di sapere che sei consapevole del tuo desiderio di leggere ulteriori informazioni, ma semplicemente non puoi pubblicare un nuovo post sul blog. Fino a quando questo non diventa un luogo comune, è improbabile che i visitatori del b/log smettano di visualizzare un blog semplicemente perché il blogger salta un giorno o due.

Sfruttando gli strumenti di pubblicazione

Alcuni strumenti di pubblicazione di blog consentono ai blogger di scrivere in anticipo post sul blog e di specificare quando pubblicare ogni post. Questa è una funzione eccellente per i blogger che vogliono pubblicare nuovi post su base giornaliera ma non possono passare il tempo ogni giorno a scrivere post sul blog. In questo modo, il blogger può trascorrere un periodo di tempo ogni settimana per scrivere post sul blog e pubblicarli durante la settimana. Questo è spesso un metodo più semplice per molti blogger perché possono essere più efficienti in questo modo.

Assumere blogger ospiti

I blogger possono anche prendere in considerazione l'assunzione di blogger ospiti per aiutarli a mantenere aggiornato un blog. Questo può essere un metodo prezioso per i blogger che non solo hanno difficoltà a mantenere aggiornato il loro blog, ma sono anche interessati a fornire ai lettori una piccola varietà. Tuttavia, i proprietari di blog che scelgono questo messaggio per mantenere aggiornato il proprio blog dovrebbero considerare attentamente come i lettori dedicati reagiranno a questo cambiamento. Questo è importante perché alcuni lettori potrebbero non essere interessati a leggere blog scritti da un guest blogger. Pertanto, l'utilizzo di un guest blogger può essere più dannoso per il blog che non aggiornarlo regolarmente. I blogger possono misurare la reazione dei lettori all'uso dei blogger ospiti in due modi diversi. Il metodo più semplice e diretto è quello di sondare i lettori sull'uso dei guest blogger. Questo può essere fatto chiedendo ai lettori di commentare l'argomento e tabulando i commenti ricevuti. Un altro metodo per misurare la reazione del lettore è introdurre un guest blogger e confrontare il traffico che il guest blogger riceve con il traffico ricevuto dal proprietario del blog.

Uso dei blogger ospiti

I proprietari di un blog di successo con un ampio seguito a volte possono avere bisogno di utilizzare i blogger ospiti. Un esempio di quando questa pratica può essere una buona idea è quando il proprietario di un blog popolare non sarà disponibile a pubblicare nuovi post sul blog per un lungo periodo di tempo. In questo caso, la mancanza di aggiornamenti del blog può far perdere traffico al blog, quindi sarebbe saggio per il proprietario del blog organizzare un blogger ospite o una serie di blogger ospiti a pubblicare nuovi articoli durante la loro assenza. Il blogger può anche annunciare l'intenzione di utilizzare i blogger ospiti durante questo periodo di tempo per garantire che i fedeli visitatori del blog siano consapevoli della situazione e che sia solo temporanea. Questo articolo discuterà aspetti dell'utilizzo dei guest blogger, come la

134

pubblicità per i guest blogger, la selezione dei guest blogger e il risarcimento per i guest blogger.

Pubblicità per guest blogger

Esistono diversi luoghi in cui il proprietario di un blog può fare pubblicità per i blogger ospiti. Le bacheche di lavoro specifiche per blogger o scrittori freelance sono un'ottima opzione per trovare blogger ospiti. Le bacheche di lavoro di Blogger sono spesso visitate da blogger esperti in cerca di nuove opportunità di blog per un risarcimento. Questi blogger possono avere un'esperienza di blogging specifica o essere semplicemente abili nel creare blog interessanti su una varietà di argomenti. Le bacheche di lavoro degli scrittori freelance sono un'altra ottima opzione. Questi autori potrebbero non avere necessariamente un'esperienza di blog, ma potrebbero avere un'altra utile esperienza di scrittura. I proprietari dei blog dovrebbero prendere in considerazione la possibilità di

pubblicare un messaggio dettagliato che specifica il tipo di lavoro richiesto e la durata del progetto e richiede clip agli autori che possono essere utilizzate per verificare il livello di abilità dello scrittore.

I proprietari di blog potrebbero anche voler fare pubblicità per i blogger ospiti su bacheche relative all'argomento blog. I visitatori di questo blog potrebbero non avere necessariamente esperienza di scrittura, ma è probabile che siano abbastanza ben informati sull'argomento del blog e quindi in grado di produrre blog perspicaci e interessanti.

Selezione di blogger ospiti

La selezione di un guest blogger deve essere effettuata con attenzione per garantire che il guest blogger sia affidabile e in grado di produrre post di blog articolati, informativi e coinvolgenti. I proprietari di blog che pubblicizzano per un guest blogger nelle

ESPERTO BLOGGER

bacheche di lavoro per blogger e scrittori freelance devono richiedere clip che dimostrino la capacità dello scrittore di scrivere blog interessanti e informativi. Quando si pubblica su una bacheca di messaggi a un guest blogger, il proprietario del blog potrebbe voler prendere in considerazione l'utilizzo dei post precedenti del candidato per valutare le sue capacità di scrittura e conoscenza dell'argomento.

Dovresti anche considerare il tipo di risposta che ottengono in genere i post sulla bacheca del richiedente.

Questo è importante perché è una buona indicazione del tipo di risposta che genererà i blog. I proprietari dei blog dovrebbero anche richiedere referenze ai candidati e contattare tali riferimenti per informazioni sull'etica del lavoro e sulla capacità dei blogger di completare i progetti.

Risarcimento per i blogger ospiti

I proprietari di blog dovrebbero anche considerare attentamente come intendono compensare i blogger ospiti.

Questo può essere fatto sotto forma di compensazione finanziaria o consentendo al guest blogger di pubblicare una breve biografia con un link al tuo sito Web o blog personale alla fine del post del blog.

L'ultima forma di compensazione è essenzialmente uno spazio pubblicitario gratuito per il guest blogger.

Il proprietario del blog potrebbe anche voler compensare il blogger ospite con una combinazione di denaro e spazio pubblicitario gratuito. Indipendentemente dal metodo di compensazione scelto, il proprietario del blog deve discuterne con il guest blogger prima di iniziare a lavorare e deve firmare un contratto scritto con il guest blogger che stabilisce esplicitamente i termini del risarcimento per evitare controversie.

Quando gli altri non approvano il tuo blog

Indipendentemente dall'argomento di un blog, tutti i blogger affrontano il potenziale di situazioni in cui altri non approvano il loro blog. Mentre questo tipo di reazione è popolare con blog controversi o politici, i blogger che mantengono un blog personale possono anche affrontare la disapprovazione da parte di coloro che non approvano le scelte dei blogger nella vita.

Questo articolo discuterà argomenti come la gestione di commenti negativi su un blog, la gestione di critiche da parte di amici e familiari e affronterà situazioni in cui i blog possono causare problemi legali al blogger.

 ESPERTO BLOGGER

Gestire commenti negativi sul tuo blog

I commenti negativi pubblicati su un blog sono una delle forme più comuni di disapprovazione che un blog può ricevere. Questi commenti possono essere pubblicati in risposta a uno specifico post di blog o possono essere pubblicati come obiezioni al blog in generale. Questi commenti negativi possono essere molto preoccupanti per il blogger, ma per fortuna ci sono alcuni metodi per gestirli.

I blogger che temono che i commenti negativi possano influenzare altri lettori di blog hanno alcune opzioni per gestire questi commenti negativi. Un modo per farlo è configurare il blog in modo da non consentire commenti. Questo rimuoverà efficacemente i commenti, ma rimuoverà anche i commenti dai sostenitori del blog. Un'altra opzione che un blogger ha è quella di rimuovere semplicemente i commenti negativi quando li incontrano. Questo non è un metodo molto

efficace perché altri lettori potrebbero avere il tempo di leggere i commenti prima che vengano rimossi. I blogger che sono online spesso e non si occupano di commenti negativi che compaiono sul blog per un breve periodo di tempo possono utilizzare questo metodo. Un altro metodo per gestire i commenti negativi include la confutazione di questi commenti sul blog. Infine, i blogger hanno spesso l'opportunità di vietare i commenti negativi dai commenti futuri.

Affrontare le critiche di amici e familiari

I blogger possono anche essere criticati da amici e parenti per il contenuto dei loro blog. Amici e parenti non possono utilizzare la sezione commenti per esprimere la loro disapprovazione, ma possono esprimere le loro preoccupazioni direttamente al blogger di persona, per telefono o via e-mail. Questa può essere una situazione difficile per i blogger perché possono essere divisi tra mantenere il blog in base alla loro visione e mantenere felici amici e familiari. In molti casi, amici e familiari possono opporsi a un blog perché credono che possa essere potenzialmente dannoso per il blogger o perché si preoccupano di come il blog si rifletterà su di loro. In queste situazioni delicate, il blogger ha la possibilità di eliminare o modificare il blog o parlare con amici e familiari per spiegare i loro sentimenti senza apportare modifiche al blog.

Quando i blog possono causare problemi legali

I blogger dovrebbero essere consapevoli che ci sono alcune situazioni in cui il tuo blog può causare problemi legali. Fare dichiarazioni su un'altra persona false e diffamatorie può far sì che l'argomento blog richieda ritorsioni per diffamazione. Altri post sul blog possono anche essere trovati illegali per una vasta gamma di altri motivi. I blogger possono presumere che le leggi sulla libertà di espressione li proteggano completamente, ma ci possono essere situazioni in cui il blogging non è protetto dalle leggi sulla libertà di espressione e il blogger deve affrontare conseguenze legali per i suoi post. I blog che violano le leggi sul copyright di qualcun altro possono anche causare problemi legali.

Successo nella tua impresa! Diventa un BLOGGER ESPERTO!!!!!

 ESPERTO BLOGGER

Visita la nostra pagina degli autori su Amazon! E ottenere più libri di MENTES LIBRES!

https://www.amazon.it/MENTES-LIBRES/e/B08274DDV4?ref_=dbs_p_ebk_r00_abau_000000

Se lo desiderate, potete lasciare il vostro commento su questo libro cliccando sul seguente link in modo che possiamo continuare a crescere! Grazie mille per il vostro acquisto!

https://www.amazon.it/dp/B089N5YJDK

www.ingramcontent.com/pod-product-compliance
Lightning Source LLC
LaVergne TN
LVHW051243050326
832903LV00028B/2553